Melon d'eau

La nature et moi!

Le cycle de vie d'une plante

Texte de Pamela Hickman
Illustrations de Heather Collins
Texte français de Jocelyne Henri

Les éditions Scholastic

Voici la graine

que Léo a plantée.

À l'intérieur de la graine, tu peux voir d'où viennent les feuilles et la racine de la nouvelle plante.

enveloppe

feuilles

racine

Voici la tige

qui est née de la graine

que Léo a plantée.

Jette un coup d'oeil
sur la vie souterraine

Peux-tu trouver
ces créatures?

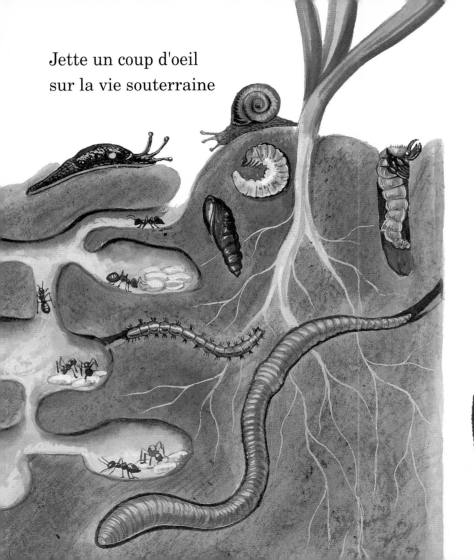

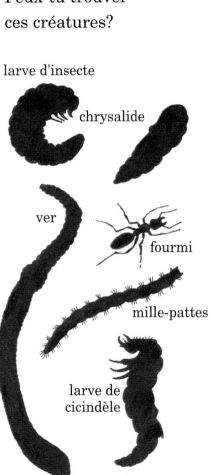

larve d'insecte

chrysalide

ver

fourmi

mille-pattes

larve de
cicindèle

Voici la fleur

qui a poussé sur la tige,

qui est née de la graine

que Léo a plantée.

À l'intérieur du bouton, une fleur
va bientôt s'épanouir.

Vois-tu d'autres fleurs
dans le jardin?

Voici l'abeille

qui a bu le nectar de la fleur,

qui a poussé sur la tige,

qui est née de la graine

que Léo a plantée.

L'abeille boit
le nectar à coups
de langue.

Dans la ruche, le nectar
est transformé en miel.

Voici le pollen

qui a été laissé par l'abeille,

qui a bu le nectar de la fleur,

qui a poussé sur la tige,

qui est née de la graine

que Léo a plantée.

L'abeille se nourrit de pollen. C'est la pollinisation.

Le pollen colle au corps poilu de l'abeille, qui en laisse sur la fleur qu'elle visite ensuite.

Une fleur doit être fécondée avec le pollen pour produire un fruit.

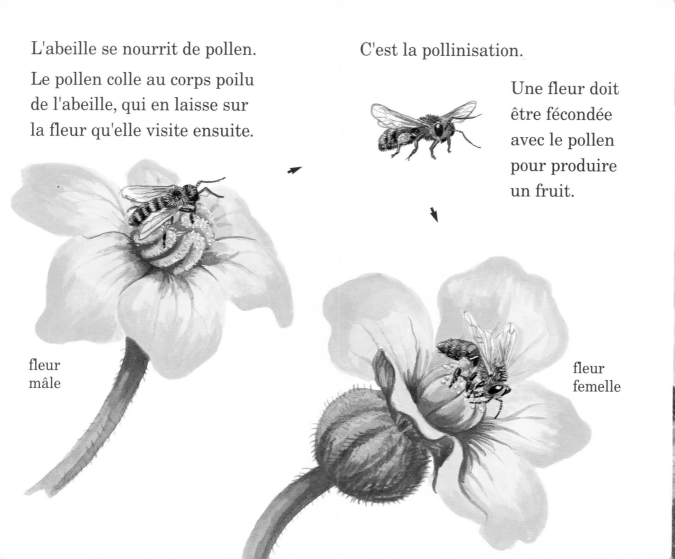

fleur mâle

fleur femelle

Voici le fruit

qui a été produit grâce au pollen,

qui a été laissé par l'abeille,

qui a bu le nectar de la fleur,

qui a poussé sur la tige,

qui est née de la graine

que Léo a plantée.

Le melon d'eau doit grossir tout l'été avant d'être cueilli et mangé.

Regarde dans le potager et découvre les fruits mûrs.

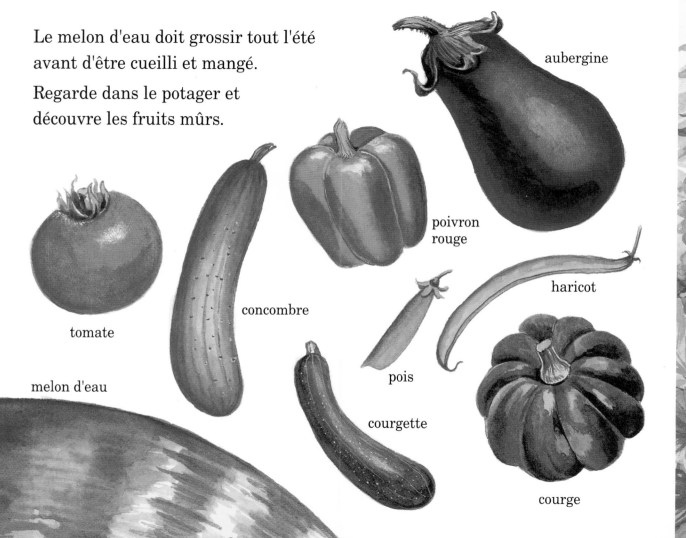

aubergine

poivron rouge

tomate

concombre

haricot

pois

melon d'eau

courgette

courge

Voici les nouvelles graines

qui ont été formées dans le fruit,

qui a été produit grâce au pollen,

qui a été laissé par l'abeille,

qui a bu le nectar de la fleur,

qui a poussé sur la tige,

qui est née de la graine

que Léo a plantée.

Regarde l'intérieur du melon d'eau.

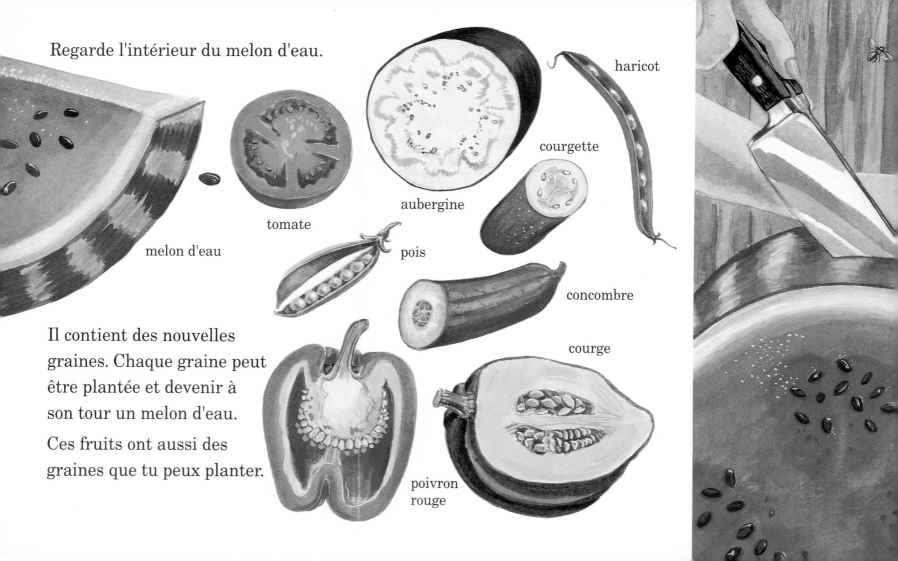

haricot

courgette

aubergine

tomate

melon d'eau

pois

concombre

courge

Il contient des nouvelles
graines. Chaque graine peut
être plantée et devenir à
son tour un melon d'eau.

Ces fruits ont aussi des
graines que tu peux planter.

poivron
rouge

Miam!